Carlos Morales Díaz

APULEYO EDICIONES   FOMENTO DE VALORES   CUENTOS ILUSTRADOS

EL PANDA FELIZ

APULEYO EDICIONES   FOMENTO DE VALORES   CUENTOS ILUSTRADOS

Dedico este libro a mis padres, quienes me dieron esta virtud. A Sandra Serrano, mi mentora, y a su compañera Ana que recientemente ha sido mamá de una criatura y quienes me dieron la oportunidad en 2023 de trabajar para el Consell Comarcal de la Anoia. A Merce Isart de Ignova Ocupación por tanto tiempo y reconocer mi creatividad. A mi tío José Díaz y a mi abuelo Juan por dejarme heredar sus almas creativas. Al personal de la biblioteca de Igualada, especialmente a Dani de la sección infantil quien abrirás tus hermosas puertas al Panda Feliz. A Isabel de Abacus porque siempre me recibes con tu sonrisa cada vez que compro el material. A mis compañeros de Creu Roja Anoia por enseñarme valores. Y finalmente, a ti, querido lector, gracias por permitirte acompañarme en esta aventura.

"A todos, muchisimas gracias."

Dicen que soy travieso
y a la vez un golfo; inquieto y a la vez silencio;

que no soy guapo, pero ¡yo tiro adelante!
Y más que feroz soy amor.

Mi panza peluda fue narrada por Neruda;

un cojín donde pájaros se posan
y me llaman el panda feliz.

Vivo en los Alpes, en el bosque de la dulce calma,
rodeado del verde esperanzado.

Soy un fuerte oso y a la vez un vulnerable colibrí
pero un panda feliz.

Les robo las bellotas a las ardillas, me refresco en las frescas aguas iluminadas por un crisol de sol, espléndidos mis atardeceres son.

y termino el día tumbado en un campo de amapolas,
roncando para recibir al ocaso de la noche este panda feliz.

Batallo contra mis quilicos de más y es que, cuando la gastronomía habla en mi estómago, el capricho me vence.

De mí, algunos manifiestan:

«Ese oso siempre está solo, pues es muy soso».

¡No! Yo estoy fofo
y soy la caña de oso.

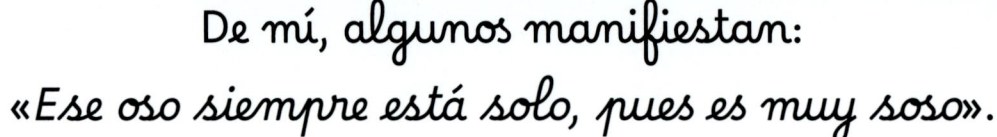

Siempre llevo mi bambú y me chifla la miel más que a Bubu.

¡No soy un salao! Soy gominola para un pequeñín
y en nuevos juicios,
nuevo panda feliz.

Nací en la cueva del jardín más frondoso, de allí me llevé
lo bonito y, aunque ese día la terquedad también
se hospedó en mí, ven a un tierno oso...

El panda feliz.

© Carlos Morales Diaz (de la obra)
©Apuleyo Ediciones (de esta edición)
Primera edición en Apuleyo Ediciones: julio 2024
Diseño de cubierta: Sofía Corzo González
Corrección: Aitor Andreu Guerrero
Maquetación: Domingo Carrasco Martín
Ilustraciones: Annie Nguyen
Coordinación editorial: Isidoro Cidre González
info@apuleyoediciones.com
www.apuleyoediciones.com
ISBN: 978-84-1060-199-4
Depósito legal: H 186-2024

Hecho e impreso en España.

EL PANDA FELIZ

APULEYO EDICIONES   FOMENTO DE VALORES   CUENTOS ILUSTRADOS

Carlos Morales Díaz

APULEYO EDICIONES   FOMENTO DE VALORES   CUENTOS ILUSTRADOS